竞技跆拳道核心基本技术“八腿一拳”解析

颜红伟　著

北京体育大学出版社

策划编辑：赵海宁
责任编辑：赵海宁
责任校对：李志诚
版式设计：杨　俊

图书在版编目（CIP）数据

竞技跆拳道核心基本技术“八腿一拳”解析 / 颜红伟著. -- 北京 : 北京体育大学出版社, 2018.11
ISBN 978-7-5644-3086-3

Ⅰ. ①竞… Ⅱ. ①颜… Ⅲ. ①跆拳道—运动技术—研究 Ⅳ. ①G886.9

中国版本图书馆CIP数据核字(2018)第278679号

竞技跆拳道核心基本技术“八腿一拳”解析
JINGJI TAIQUANDAO HEXIN JIBEN JISHU "BA TUI YI QUAN" JIEXI
颜红伟　著

出版发行：北京体育大学出版社
地　　址：北京市海淀区农大南路1号院2号楼4层办公B-421
邮　　编：100084
网　　址：http：//cbs.bsu.edu.cn
发 行 部：010-62989320
邮 购 部：北京体育大学出版社读者服务部 010-62989432
印　　刷：北京虎彩文化传播有限公司
开　　本：710 mm × 1000 mm　　1/16
成品尺寸：170mm × 228mm
印　　张：5
字　　数：66千字
版　　次：2018年11月第1版
印　　次：2018年11月第1次印刷
定　　价：28.00元

前　言

竞技跆拳道是奥运会的正式比赛项目，设有8枚金牌。跆拳道运动源于朝鲜半岛，目前，正在世界各国快速传播。[1]跆拳道是一项运用手脚技术进行格斗的体育项目。该项目在我国起步较晚，但发展迅速。

跆（TAE），意为脚踢、撞摔；拳（KWON），意指用拳头击打；道（DO），是指方法、技艺和道理。跆拳道就是这样一种使用拳脚击打的实用技击方法。它简单实用，以踢法为主，约占技法的70%；它的内容包括品势（套路）、特技、跆拳舞、自卫术等技艺。跆拳道具有典型的东方文化色彩，它不仅是一项具备较强攻击力的运动项目，还是一种精美的形体艺术和行之有效的强身健体方法。“道”本身还蕴藏着一种精神追求和道理，其首要的一条是强烈的爱国热情和为正义献身的崇高精神。“道”，作为体育精神的体现，练习者须具备勇猛善战、敢打敢拼的精神，坚韧向上的作风，讲究礼仪修养以及完善的人格。因此，练习跆拳道可内修精神、性情，外修技术、身体，培养出高尚的意志品质和忍让谦恭的美德。

竞技跆拳道按照性别、体重进行级别划分，在规定空间和时间里使用合理技战术，是以手、脚进行对抗的个人比赛项目。在跆拳道运动中必须利用正确的技术，准确击打在规则规定的有效部位，并具有一定的力度才能得

---

[1]　黄亚玲. 论中国体育社团[M].北京:北京体育大学出版社，2004:53.

分。躯干的得分面积较大，还包括两肋部。相对于拳来说，踢的技术得分更加容易。在跆拳道运动中，腿法技术的运用是比赛实战中得分制胜的关键，同时也是跆拳道运动员训练的重点和难点。因此，衡量一名运动员、一个运动队技能水平的主要指标就是对腿法技术运用的熟练和优劣程度。

跆拳道比赛拳脚并用，在早期的比赛中，拳法得分和踢法得分几乎各占一半。随着竞赛规则的修改以及踢法的迅速发展，目前踢法的得分率在95%以上，拳法只是作为辅助进攻得分和防守的主要手段加以运用。自2000年悉尼奥运会第一次将跆拳道作为正式比赛项目以来，为促进竞赛公平、提升比赛精彩程度，跆拳道项目几乎每年都会对规则及判罚尺度进行不同程度的修改与完善。尤其是2009年电子护具的引入，更是一次革命性的变化，将以往由边裁判员通过肉眼判断的传统护具"计分打点"方式发展为脚的技术全部由电子护具进行确认，最大限度地减少人为因素，以此促进跆拳道项目向着更加公平、公正的方向发展。目前，边裁判员计分工作只局限于拳法技术得分的确认和对旋转技术的认定。跆拳道的拳法是用正确方法紧握拳头，使用正拳进行正面攻击，准确有力地击打在有效部位方可得分。拳法是跆拳道得分体系中不可或缺的组成部分，也是唯一在当前电子护具条件下，由边裁判员而非电子感应计分的得分技术，属于不容忽视的得分技术，越来越受到一线教练员的关注，甚至成为国际大赛中一些关键场次胜败的主要因素。

跆拳道运动是一项以腿法技术连击为显著外在特征，以拳法、防守等技术配合的技能型搏击对抗项目，虽然几十年的不断发展带来了不断的变化，但是"万变不离其宗"。即使在电子护具计分的今天，跆拳道技术依然没有离开其核心基本技术范围，即"八腿一拳"。

本研究用生物力学方法，从运动学、动力学的视角，运用视频分析和肌电测试等具体方法，系统分析跆拳道核心基本技术的特征与规律，力求较为客观地解析跆拳道各项技术所体现出的共性和差异性，以此总结技术动作运行过程中的基础理论。

本书主要以笔者在跆拳道技术动作上的科研成果为基础，同时借鉴了部分学者在跆拳道技术动作分析上的研究成果。一家之言，不当之处，在所难免，敬请指教。

颜红伟

2018年8月4日

目录

Contents

第一章 跆拳道基本技术的运动生物力学研究

关于人体的运动学研究，是以经典牛顿力学理论为基础的。在研究人体运动的外在特征时，为了突出主要矛盾，需要把人体和器械进行简化处理，即近似地看成只有质量，而忽略其大小、形状和内部结构的几何体。然而，任何物体的机械运动都是在一定的空间和时间内进行的，跆拳道运动也不例外，虽然躯干与肢体的运动形式各有差异、千差万别，但其主要表现特征都在时间和空间上体现出来，如运动的速度、位移、轨迹、时间、加速度等相关参数，就是定量评价跆拳道技术动作的重要指标。那么，如何应用生物力学的相关手段获取这些运动学技术参量，从而对技术动作进行准确而客观的评价与分析，找出影响或制约运动员完成动作的运动学因素，为教练员科学制订训练计划提供可靠依据是极为重要的。

一、技术动作的运动学研究

陈育对在广东省肇庆市举行的2000年全国跆拳道锦标赛上，女子47kg冠军王莹在比赛中的后腿横踢技术进行了运动学分析。[1]他将这一技术分为启动、提膝、屈膝、击打四个阶段。所选参数为启动、提膝、屈膝、击打

[1] 陈育.对跆拳道后腿横踢技术的分析与研究[J].安徽体育科技，2000（04）：19-21.

的时间，重心高度的变化（m），髋关节、膝关节和踝关节的速度（m/s），还有踝关节的运动轨迹。把王莹和世锦赛女子67kg级冠军贺璐敏的后腿横踢动作在动作完成时间，髋关节、膝关节、踝关节的启动速度，髋关节、膝关节、踝关节的最大速度（m/s），重心最大高度（m）和踝关节的运动轨迹方面分别做了对比研究。研究发现，在横踢动作启动阶段王莹的髋关节速度慢，这是造成她的膝关节最大速度比贺璐敏膝关节最大速度慢的主要原因；王莹虽然在完成动作时没有充分展髋，但却缩短了整个动作的完成时间，这样就能使对手防不胜防，提高了她在比赛中得分的可能性；王莹的身体重心高于贺璐敏，她的踝关节运动轨迹（1.53m）短于贺璐敏（2.14m），虽然贺璐敏的膝关节观测点速度远远快于王莹，但是她的踝关节运动距离也相对加长，延长了运动时间。结论是王莹对该技术动作的完成状态基本是合理和准确的。但是，由于完成动作时其髋关节的速度偏慢，大肌肉群没有充分带动小肌肉群运动，使其膝关节速度也相对偏慢。

陈育对横踢技术的研究是从技术诊断方面出发的，通过对两名运动员的关节速度、踝关节的运动轨迹和完成动作所用的时间进行对比，找出运动员横踢技术动作的优势和不足。此研究在对比中发现了运动员在完成整个动作时，髋关节展髋的不足是影响膝关节最大速度的主要因素，但是在参数的选取方面，缺乏关节角度的变化。

刘云峰就如何提高横踢速度进行了分析，选取浙江队高水平跆拳道运动员（男女各4名）作为研究对象。在分析过程中，他选取了踢击腿的5个观测点，分别是髋关节、膝关节、踝关节、脚跟和脚尖（其中，膝角即大腿、小腿与正体平面夹角），以及髋关节、膝关节、踝关节、脚尖脚跟每个观测点的速度作为参数。研究发现，在各关节速度曲线变化中，髋关节速度较慢并且变化不大，膝关节、踝关节和脚尖的速度曲线变化明显。膝关节较早达到速度峰值，然后开始减速，接着在踢中目标的瞬间，踝关节和脚尖几乎同时达到速度峰值，这样的速度曲线特征是高水平运动员技术动作的特点。膝关节速度在交叉之后短时间内开始迅速减慢，而在踢中目标时膝关节速度早已减慢，处于较低水平。这表明，大腿实际上在踢中目标之前就已经损失了速度，而横踢动作的最后阶段主要是由小腿的“鞭打”完成的。踢中目标后，各观测点速度开始迅速减慢，这表明踢中目标后各关节点速度均快速损失。横踢动作中，小腿先折叠后摆动可提高踢腿速度。对于高水平跆拳道运动员来说，在完成动作时，使主动肌在收缩前足够放松，且使远侧环节能够更加滞后是一种重要的技术。

刘云峰的研究结果：在横踢动作中，高水平运动员腿部动作的运动轨迹十分相似，并且高水平的男女运动员在横踢技术上没有明显差异。关于如何提高横踢动作的速度，刘云峰认为良好的技术动作特征是由大腿带动小腿踢出，小腿在踢出前应尽量放松，只有这样，才能更好地完成横踢动作。陈育在研究中则提出，提高踢腿速度的关键是展髋。

郭辉以吉林省跆拳道队女运动员为研究对象，在实验条件下对她们的下劈动作进行拍摄，对运动员踢击腿的不同动作阶段的特征，踢击腿各关节位移、角度、速度变化情况进行分析。从时间特征的分析来看，整个动作为0.55s ± 0.08s，启动阶段为0.13s ± 0.05s，提膝阶段为0.37s ± 0.02s，踢击阶段为0.05s ± 0.02s，因此得出，完成动作所用时间是完成下劈动作质量的决定性因素。从踢击腿髋关节、膝关节、踝关节、脚尖位移来看，影响踢击腿攻击距离的主要因素是运动员的身高、腿长和柔韧性。

二、技术动作的动力学研究

动力学是研究人体运动状态的变化与引起这些变化的力之间的关系，即把人或器械运动状态变化的原因揭示出来，才能将人或器械运动的外部几何特征与表征人或器械运动差异的原因结合起来。虽然人体的运动是很复杂的，人体的机能状态、精神状态等因素对动作质量有较大影响，但生物力学主要是研究人体在竞技状态下的力学规律。因此，借助动力学的研究方法，应用动力学原理并结合人体生物学特点，对所获力学参数进行论述分析，仍可得到比较客观而真实的结论。

对此，利用现代测力系统和传感技术获得相关打击力量、打击冲量、打击功率等主要的生物力学参数，进而客观评价与正确诊断技术动作，是必不可少的重要手段之一。

三、技术动作的转动力学研究

人体各环节运动的实质是环节绕相应关节轴的转动，其转动效果的好坏取决于环节在转动时是否遵循了相关的力学规律与原理。对跆拳道技术动作而言，所涉及的最基本的生物力学原理有骨杠杆原理、转动定律、动量矩定理以及动量矩守恒定律等。从转动力学角度认识跆拳道技术动作的特点，是解析影响动作效果的另一重要因素。无论上肢、下肢还是躯干处于什么动作阶段，无论身体处于有支持状态还是腾空状态，当以一定的动作速度、幅度、节奏绕关节轴转动时，其转动特征均与整体动作效果直接相关。显然，针对身体相关环节和肢体的转动效果进行分析，是深入研究跆拳道腿法技术中又一不可缺少的重要方面。

研究发现，人体运动的最大特点是身体各环节的转动，环节转动是人体获得运动速度和位移的必要条件。但是我国的研究现状表明，从生物力学方面研究跆拳道运动技术的文献很少，并且在相关研究中，也没有将人体环节的转动作为一项重要的参考指标。

四、国外有关跆拳道项目生物力学的研究

有关跆拳道的研究，国外的研究领域更全面，方法也更先进。研究成果主要出自英国、韩国等跆拳道发展较好的国家，这些国家显示出在该项运动上强大的科研能力，其研究成果主要集中在以下方面：①基于各种动作的动力学研究，其中包括单个动作之间的比较分析、单击动作和连击动作之间的比较分析；根据某一单击动作比较运动员优势侧与非优势侧的能力差异；相同技术动作组合在竞赛状态下和非竞赛状态下的表现研究等。②运动损伤方面的研究，主要是对运动员损伤较集中的部位、频次、性质等的研究，运用生物力学手段进行测量比对并提出预防的方案，如罗森关于旋转、连击动作对运动员背部损伤的影响和病因的详细论述。③新式运动器材的开发，其中包括及时反馈踢击力量和速度装置的研发，新式人形移动靶的设计等，这些器材的开发往往也依据了生物力学的数据，使运动员的训练实现真实化、比赛化，从而更有利于提高竞技水平。

第二章 跆拳道基本拳法

跆拳道竞赛规则规定：跆拳道拳法只允许使用正拳的技术，也就是拳击打技术，攻击对方运动员胸部位置。拳击打技术攻击锁骨以上部位将被视为犯规。为更好地量化标准，跆拳道竞赛规则的细则中规定，拳击打范围以护胸蓝、红区域的上沿为标准，超过上沿则视为犯规。

第一节 跆拳道拳击打技术

跆拳道拳击打技术，一般分为前手拳击打技术（Ahp-Jirugi）和后手拳击打技术（Dui-Jirugi），后手拳的得分多为在防守反击的过程中运用。近年来，由于“推+踢”技术的运用，前手拳、后手拳击打在进攻过程中结合踢的技术被大量使用，甚至有好的表现，获得了进攻过程中拳的得分。

一、前手拳击打技术动作

前手拳击打技术作为拳法技术的一种，近年来也逐渐被增加了使用的次数，与后手拳击打技术互为呼应，形成了更多的拳法及拳腿组合的变化。此项技术也是由边裁判员人工计分的技术。

1．动作过程

右势实战姿势（图2-1），左脚蹬地，髋关节向左旋转，带动上体向左旋转顶肩，拳以正面向前击出，力达拳面（图2-2），左臂下格挡成防守姿势（图2-3）。

图2-1

图2-2

图2-3

2．动作阶段

前手拳击打技术的动作阶段主要包括：实战姿势—蹬脚转肩—直线击出—回收还原。

3．技术类型

前手拳击打攻防技术包括：前手拳进攻、前手拳迎击或反击等技术。

4．易犯错误——肘部外张直拳击

（1）原因：没有垂肘。

（2）现象：转肩直线发力时，肘关节抬起，形成外张动作。

二、后手拳击打技术动作

后手拳击打技术是跆拳道竞技比赛中重要的、不可或缺的技术，此项技术也是现阶段电子护具时代，唯一由边裁判员人工计分的技术，是拳法技术中最为常用的一项。

1．动作过程

左势实战姿势（图2-4），右脚蹬地，髋关节向左旋转，带动上体向左旋转顶肩，拳以正面向前击出，力达拳面（图2-5），左臂下格挡成防守姿势（图2-6）。

图2-4

图2-5

图2-6

2．动作阶段

后手拳击打技术的动作阶段主要包括：实战姿势—蹬脚转肩—直线前击—回收还原。

3．技术类型

后手拳击打攻防技术包括：后手拳进攻、后手拳迎击或反击等技术。

4．易犯错误——肘部外张直拳击

（1）原因：没有垂肘。

（2）现象：转肩直线发力时，肘关节抬起，形成外张动作。

第二节　跆拳道拳击打技术动作解析

跆拳道拳击打技术作为当前电子护具条件下，由边裁判员而非电子感应计分的唯一得分技术，在跆拳道竞赛过程中广受关注，也成为国际大赛中一些关键场次决定胜败的主要因素。因此，要通过生物力学方法深刻解析跆拳道拳击打技术，为一线训练提供理论基础，使运动员更好地掌握和运用好这项得分技术。

研究采用美国的Motion-anlysis红外光点高速运动捕捉测试系统和芬兰Mega16导肌电测试仪进行研究，对北京体育大学8名跆拳道现役运动员的拳击打技术动作进行统计分析后，得出拳击打技术的速度峰值、积分肌电值（integral electromyogram，IEMG）、肌肉贡献率、肌肉激活顺序等，从而科学、全面、深入地揭示了拳击打技术的动作要领，为指导运动员快速掌握和提高这一技能提供理论依据。拳击打技术示例如图2-7所示。

图2-7　拳击打技术示例

一、各关节速度峰值与出现时序

跆拳道规则的技术得分要求为用合理的技术，快速有力地击打在有效部位。增加有效击打，除动作规范外，还与击打速度和人体质量有关，在人体质量相对固定的前提下，提高拳速是获得势能的前提。排除运动过程中摩擦等干扰因素，假设在整个拳击打过程中能量守恒，那么增加势能是提高拳的速度的重要因素。为了便于研究，本书以拳击打技术动作的整个过程中最先达到关节速度峰值的时间为准，观察各关节达到峰值的时序特征。各关节速度峰值见表2-1。

表2-1　各关节速度峰值(单位：m/s)

关节	右踝	右膝	右髋	右肩	右肘	右腕
均值	1.98	2.01	2.01	3.77	7.74	8.00
标准差	0.75	0.37	0.44	0.48	0.53	0.59

表2-1显示，在拳击打的过程中，8名运动员的踝关节、膝关节、髋关节、肩关节、肘关节、腕关节峰值速度均值分别为1.98m/s、2.01m/s、2.01m/s、3.77m/s、7.74m/s、8.00m/s。峰值的出现呈现次序性，顺序是由下肢依次传递到上肢。

二、表面肌电

目前，获得肌肉的生物力学特征的主要方法是肌电图测量法。表面肌电是神经—肌肉兴奋发放生物电的结果，从皮肤表面通过电极引导、放大、显示和记录下来的生物电信号。记录肌肉收缩时的动作电位变化就是肌电图，肌电图在一定程度上反映了神经肌肉的活动。利用仪器获得肌电图，是一种非创伤性的检测方法，可反映出整块肌肉的机能状态、参与肌肉群或肌肉参与程度、运动中参与肌肉激活顺序和时间等。

1. 拳击打技术动作中各肌肉的积分肌电值

肌肉的积分肌电值是指肌电曲线和时间横轴之间所包容的面积的积分，可以反映一定时间内肌肉中运动单位的放电量。研究中的8名运动员拳击打技术动作肌肉积分肌电值与贡献率见表2-2，拳击打技术动作中各肌肉贡献率示意图如图2-8所示。

表2-2 8名运动员拳击打技术动作肌肉积分肌电值（IEMG: uV·s）与贡献率

肌肉	积分肌电值	贡献率	肌肉	积分肌电值	贡献率
旋前圆肌	270.35	12.4%	胸大肌	203.46	9.2%
肱二头肌	342.66	13.8%	腹外斜肌	292.45	12.6%
肱三头肌	360.51	15.5%	股直肌	266.91	12.5%
三角肌	334.90	12.7%	腓肠肌	194.14	10.5%

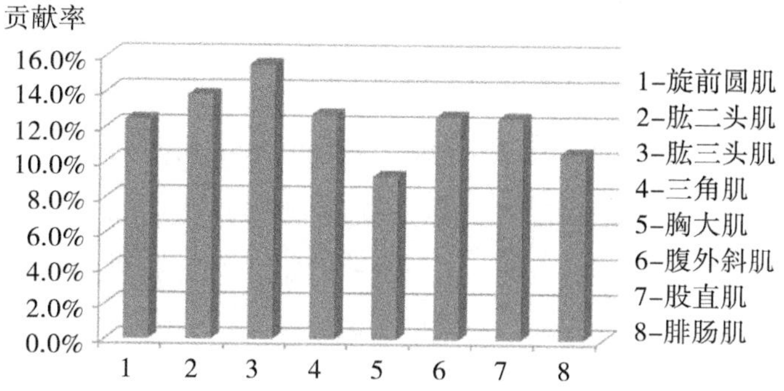

图2-8 拳击打技术中各肌肉贡献率示意图

表2-2和图2-8显示，在拳击打过程中，相较于其他肌肉，肱三头肌、肱二头肌、三角肌放电最大，其中积分肌电值分别达到360.51uV·s、342.66uV·s和334.90uV·s，在拳击打过程中起着主要的发力作用；腹外斜肌、旋前圆肌、股直肌其次；胸大肌、腓肠肌在所测肌肉中表现较小发力。

2. 拳击打技术动作中肌肉激活顺序

一个动作的完成是相关肌肉共同活动的结果，而依据动作的运动轨迹，不同时间段参与运动的各个肌肉激活顺序也相应有所不同，但要很好地完成一个动作就需要参与肌肉之间相互协同，同时也要有先后顺序，这体现了中枢神经对技术动作的控制，激活顺序的先后使得动作协同得以流畅完成。根据Mega Win软件中的参数定义肌电激活顺序，最小活动时间为0.005s，激活数值超过最大值的10%~15%，且持续时间超过动作全过程的5%时，则认为该块肌肉被激活。各个肌肉激活时刻见表2-3。

表2-3　各个肌肉激活时刻

肌肉	均值	标准差	肌肉	均值	标准差
旋前圆肌	0.3850	0.1095	胸大肌	0.2456	0.2068
肱二头肌	0.3781	0.2070	腹外斜肌	0.2344	0.1332
肱三头肌	0.4356	0.1870	股直肌	0.0425	0.0385
三角肌	0.3894	0.2126	腓肠肌	0.0506	0.0871

表2-3显示，在整个拳击打过程中，肌肉放电先后顺序为股直肌、腓肠肌、腹外斜肌、胸大肌、肱二头肌、旋前圆肌、三角肌、肱三头肌。动作的衔接与肌肉激活顺序相一致，且所选肌肉的活动呈现由下肢向上肢激活的次序性。

三、拳击打技术动作运动学分析

从对拳击打技术动作运动学分析可以看出，运动员的各个关节的速度峰值呈递增趋势，关节速度由近侧向远侧递增。

假设躯干是一个质量很大的鞭根，那么它在下肢强大的蹬伸力的驱动下产生加速运动，而远端环节——上臂与前臂的惯性力量通过肌肉收缩作用于近端环节肩部，使躯干产生制动作用；肩关节处将势能传递给上臂和前臂，通过屈肩、伸肘等一系列动作最终将动量集中到拳上，产生击打力，这个过程叫作“鞭打”原理。采用“鞭打”原理可以大大提高出拳速度，进而提高击打力。表2-1的数据显示，腕关节最后达到最大速度，拳即将击打靶位时，力量依次传递产生最大速度，完成最大做功，达到最大击打效果。

四、拳击打技术动作肌电分析

1. 拳击打技术动作中各肌肉的积分肌电值

从对拳击打技术动作肌电特征分析可以看出，积分肌电值可以有效反映出运动员对该技术动作的发力特点，通过对肌肉积分肌电值的统计得出肱三头肌（360.51uV·s）、肱二头肌（342.66uV·s）、三角肌（334.90uV·s）放电比较大，其余五块肌肉腹外斜肌（292.45uV·s）、旋前圆肌（270.35uV·s）、股直肌（266.91uV·s）、胸大肌（203.46uV·s）、腓肠肌（194.14uV·s）放电比较小。对8名运动员拳击打过程中肌肉积分肌电进行做功平均值分析，肌肉激活参与动作的先后顺序是肱三头肌＞肱二头肌＞三角肌＞腹外斜肌＞旋前圆肌＞股直肌＞胸大肌＞腓肠肌。在拳击打动作中，肌肉的贡献率是指肌肉在完成某一动作时，某块肌肉的积分肌电值占全部肌肉积分肌电总和的百分比，可以反映出一块肌肉在完成一个动作时占所测肌肉积分肌电总和的比重。如图2–8所示，上肢肌肉的用力明显高于其他所测肌肉，相对于下肢和躯干的转动幅度，上肢动作幅度较大，能做到屈肩、伸肘短时间内传递势能击打目标，其中肱三头肌、肱二头肌、三角肌贡献率最大，分别为15%、13.8%、12.7%，其中作为使躯干旋转主要肌肉的腹外斜肌贡献率也比较大，贡献率为12.6%。

拳击打是一个复杂的动作，需要全身各个关节、肌肉协调配合完成。在整个动作过程当中，相对于髋关节、踝关节、腕关节活动的幅度，肩关节在整个动作过程中活动幅度比较大；使肩关节前屈、伸肘的三角肌、肱三头肌、肱二头肌又是协同瞬间爆发用力完成动作的，因此，从动作过程表现来看，三角肌、肱三头肌、肱二头肌的肌肉贡献率高于其他关节。

2．拳击打技术动作中肌肉激活顺序

在关节运动过程中，所选肌肉的激活顺序呈现从下到上的激活现象，顺序是股直肌 > 腓肠肌 > 腹外斜肌 > 胸大肌 > 肱二头肌 > 旋前圆肌 > 三角肌 > 肱三头肌。在拳击打过程中，腹外斜肌表现出较大的持续波动，可以看出腹外斜肌在躯干扭转时发挥了很大作用。各个肌肉激活时间间隔不大，且在短时间内共同激活、协同用力，所以在注意各个肌肉激活次序的同时，训练中也应加强在短时间内快速募集肌肉参与动作的训练，最大限度地为该动作做功和传递势能。因此，在了解肌肉传递和做功原理后，如何合理、有序地衔接动作，使来自下肢的力量依次传递到上肢发挥最大做功是日后研究需要解决的问题。

五、结　论

（1）拳击打技术动作速度峰值由下肢到上肢、由近侧到远端依次传递，由大关节速度带动小关节速度，依次递增，符合“鞭打”原理。

（2）在跆拳道拳击打动作所测的8块肌肉中，肱三头肌、肱二头肌、三角肌放电最多，贡献率最大，其次是腹外斜肌、旋前圆肌、股直肌做功较大。8块肌肉按贡献率大小排序依次是肱三头肌 > 肱二头肌 > 三角肌 > 腹外斜肌 > 旋前圆肌 > 股直肌 > 胸大肌 > 腓肠肌。

（3）在跆拳道击打过程当中所选8块肌肉活动呈现由下肢向上肢激活的次序性。肌肉的激活次序和持续时间是做功大小和协同放电的重要因素，它们的激活顺序是股直肌 > 腓肠肌 > 腹外斜肌 > 胸大肌 > 肱二头肌 > 旋前圆肌 > 三角肌 > 肱三头肌。

第三章 跆拳道基本腿法

跆拳道腿法技术是跆拳道项目中最优秀的技术部分。在竞赛改革进程中，跆拳道腿法技术得到了充分的体现，形成有别于其他体育项目最显著的项目特征，为跆拳道项目成为奥运项目奠定了良好的基础。跆拳道腿法技术不允许攻击对方运动员腰以下部位，可以击打胸腹部和头部，并以单腿连续和左右腿连续的攻击方式，被世人称为“腿的艺术”。

第一节　跆拳道前踢技术

前踢技术（Ahp-Chagi）一般作为跆拳道腿法技术的基础技术，在竞技实战中使用相对较少，多用于品势演练中的前踢动作，或用于日常防身的动作。

一、前踢技术动作

1. 动作过程

左势实战姿势（图3-1），右腿直线提膝、大小腿折叠、送髋至腰部高度，带动支撑脚轻微转动，上体微微后倾，双手握拳放置身体两侧（图3-2）；小腿向前踢出（配合发声），力点至右脚脚背（图3-3），小腿折叠回收（图3-4），落至身体前侧，形成右势实战姿势（图3-5），撤步还原呈左势实战姿势（图3-6）。

图3-1

图3-2

图3-3

图3-4

图3-5

图3-6

2. 动作阶段

前踢技术动作的动作阶段主要包括：提膝—转脚送髋—出腿收腿—落地还原。

3. 易犯错误

（1）不直线提膝。

原因：单腿支撑不稳。

现象：起腿时两腿分开过大，未直线提膝，导致起腿时上体向一侧倾斜。

（2）送髋不转脚。

原因：左右腿不会协调同步用力。

现象：髋关节送不出去，上体直立提膝。

（3）小腿踢出重心前移。

原因：重心过早前移。

现象：小腿踢出时，由于重心前移导致上体与髋关节角度缩小，导致腰部力量无法发出，收腿仓促落下。

二、前踢技术动作解析

前踢技术动作在竞技实战中并不多见，多出现在特殊的直线角度和短距离上，当动作幅度、旋转角度不允许过大的时候，可以直接采用前踢技术。这个技术的运用特点是速度快、直接，但是缺点也很明显，那就是打击距离短，打击力度不够，尤其是在电子护具竞赛条件下，成功率不高。

1．主要研究方法

选取锦标赛中8个级别的决赛、半决赛阶段的女子运动员，将她们在比赛中运用的前踢动作技术分成三个阶段进行三维动作分析。

摄像测量法：采用定点定焦摄像法（三维），拍摄频率为25帧/s，分场后为50场/s，解析频率为50Hz。标定：本次录像采集的标定方法为24点辐射式三维标定框架，即每完成一个周期的比赛日程后立即在赛场进行标定。采集录像数据通过会声会影9.0视频处理软件进行筛选、剪切，然后转化为AVI格式的动作样本片段，最后对Simi Motion软件解析出来的数据进行分析。

2．结　论

在前踢实战动作技术运用中，各运动员髋关节在启动前临界时刻点的角度和膝关节在踢击前时刻点的角度差异较小，支撑腿的膝关节、踝关节在各临界时刻点的角度差异较大。实战中，前踢存在主动前踢和被动前踢两种交战状态，主动前踢在启动提膝转髋阶段的髋关节曲线上有一个明显的角度峰值；在髋关节、膝关节速度特征上，各运动员在启动阶段提膝过程之后，躯干有一个迅速前倾的过程。大部分运动员髋关节速度到达最大值的时间先于膝关节速度到达最大值的时间。大部分运动员的膝关节第一次速度峰值大于第二次速度峰值，只有个别运动员的膝关节两次速度峰值比较接近。从重心变化情况看，运动员选用前踢动作技术时被动前踢的使用频次较高，成为前踢技术的主要进攻方式。

第二节　跆拳道横踢技术

横踢技术（Dollyo-Chagi）是跆拳道竞技腿法中使用率、得分率都较高的腿法技术，在跆拳道腿法技术中占有极其重要的位置，同时它也是组合技术、综合技术中重要的连接技术动作之一。在当今的竞技实战中，横踢技术又产生了单腿直接连击、单腿变向连击、横踢直接变下劈、勾踢击头等技术。

一、横踢技术动作

1. 动作过程

右势实战姿势（图3-7），左脚发力，左腿提膝至腰部高度，大小腿折叠（图3-8），带动左脚以支撑脚前脚掌为轴向外旋转180°，同时右膝向左侧水平方向发力，形成转髋动作（图3-9），转脚与转髋同步进行，左小腿保持横向水平，踝关节略高于膝关节；此时上体微微后倾与腰髋、小腿上1/3处呈一线；左膝顺势“鞭打”踢出，力达脚背（图3-10），左小腿回收（图3-11），落下呈左势实战姿势（图3-12）。

图3-7

图3-8

图3-9

图3-10

图3-11

图3-12

2. 动作阶段

横踢技术动作的动作阶段主要包括：提膝—转脚转髋—“鞭打”踢出—落地还原。

3. 易犯错误与指导

（1）不直线提膝。

原因：单腿支撑不稳。

现象：起腿时两腿分开过大，未直线提膝，导致起腿时上体向一侧倾斜。

（2）转脚、转髋角度不足。

原因：转脚能力不够，或髋关节柔韧性不足，或重心过早前移，导致支撑脚无法转动到位。

现象：转脚幅度未达到180°，导致转髋角度不足，髋关节未前送。

（3）转髋后小腿不平行，膝关节高度过高或低于踝关节高度。

原因：上体转向不足或过分转向。

现象：转脚、转髋后，小腿未呈现水平状态，膝关节高度高于踝关节则呈现斜上踢动作，膝关节高度低于踝关节则呈现下扣动作，无法形成横向击打。

二、横踢技术动作解析

跆拳道横踢技术是跆拳道腿法中最具有代表性的腿法，它集中体现了跆拳道腿法的直线环节、旋转发力、“鞭打”动作、快出快收的特点。

1．动作阶段

在跆拳道技术体系中，横踢动作是一个统称。按照踢击腿分类包括前横踢和后横踢；按照攻防方式可分为进攻横踢和反击横踢；按照所踢击的高度和位置又可划分为高位横踢、中位横踢和低位横踢。例如，中位后横踢技术动作为进攻运动员在有支撑状态下从侧面施力于对手的一种有效腿法。其动作特点是以充分利用自身髋、躯干的转动为动作基础，进攻肢体按髋、膝、踝三关节顺序运动完成打击动作。从分析该动作基本结构可知，踢击腿首先蹬地，身体重心移至支撑腿；在支撑腿蹬伸、前脚掌碾地内旋的同时，踢击腿屈膝上提；髋关节额状轴相对踢击腿发生相向运动。随着支撑腿蹬伸，并伴随内转幅度的加大，踢击腿膝关节向前上方抬至水平状态，接着快速有力地横向踢出。

本书只研究以右腿为踢击腿的中位后横踢动作，在下文论述中如没有特殊标注，后横踢均指以右腿为踢击腿的中位后横踢动作。为了便于分析、阐述，本书将跆拳道运动员一个完整的后横踢动作划分为启动阶段、提膝阶段和踢击阶段。各个阶段的界定划分如下。

（1）启动阶段：从踢击腿脚跟启动开始，到踢击腿脚尖离地瞬间止。

（2）提膝阶段：横踢过程中，运动员踢击腿脚尖离地后有一个明显的大腿抬起屈膝的运动过程，所以提膝阶段被定义为从横踢摆动腿离地瞬间开始到膝关节角度变化到最小值止的这一过程。

（3）踢击阶段：从膝关节屈曲到最小角度开始到运动员踢击腿的脚面踢击到脚靶瞬间止。

2. 主要研究方法

（1）摄像测量法：采用三维摄像测量技术分别获得6名优秀跆拳道运动员后横踢动作技术图片。

（2）图像解析法：运用专业的图像解析系统（Nokov）分析后腿技术的动作特征，为跆拳道教学以及科学训练提供理论依据。

（3）数理统计法：运用Excel对每一组数据样本进行处理，为理论分析提供运动学参数。

3. 测试仪器和软件

使用8台国内自主研发的动捕摄像头（Nokov Mars 2H）进行三维运动捕捉，实验中还用到若干个表面带有特殊反光材料的Marker标记点，2个带有Marker标记点的T形和L形标定框，1台收集和同步数据的HUB交换机，1台高配置的笔记本电脑，8个三脚架及9根数据线。研究采用Nokov自带系统对拍摄到的动态画面进行数字化分析。

4. 测试方法

在北京体育大学科研中心实验室将8台动捕摄像头按照H301到H308

的顺序顺时针呈八边形放置，摄像头高约2m，相邻两台摄像头的夹角为45°，每个摄像头的拍摄频率为60帧/s，为了保证所得图像清晰，采用1/250s的快门速度。在实验开始前，将L形标定框放置在实验场地中央，标定水平面为X、Y轴，标定时间为1s，然后用T形标定框在实验所覆盖的区域内进行标定，标定为Z轴，标定时间为100s。

在每名受试者做完充分准备活动后开始录制，为了实验更精确，动捕5次，获得每名运动员同一动作的5个轨迹图，用Nokov自带的解析系统将每名运动员的动图进行三维数字化解析，依据现场教练员对动作的评价以及动捕中实际完成动作的情况，对每名运动员5次动作中完成质量最好的一次进行解析，得出研究所需要的数据。

5. 不同动作阶段的时间特征

对动作全过程和各个阶段的分析，不但有助于认识外部技术特征，还可以通过对动作节奏的分析，从更深层次对技术动作结构的合理性进行评价。受试者后横踢过程中各阶段所用时间见表3-1。

表3-1 后腿横踢过程中各阶段时间特征表（单位：s）

姓名	性别	完整动作	启动阶段	提膝阶段	踢击阶段
高××	男	0.31	0.07	0.15	0.09
白×	男	0.29	0.06	0.14	0.09
王××	男	0.28	0.06	0.15	0.07
徐×	男	0.32	0.08	0.16	0.08
厉××	女	0.34	0.06	0.17	0.11
王×	女	0.36	0.08	0.18	0.10
总体特征		0.32± 0.04	0.07± 0.01	0.16± 0.02	0.09±0.02

在本次研究中，通过测试和解析得到了男女运动员后横踢过程中不同动作阶段时间特征表。从整个后横踢时间来看，男女运动员的整个横踢过程时间很

短并且波动值也不大，为0.32s ± 0.04s。从男女运动员的比较来看，男运动员横踢时间短于女运动员，男运动员中动作时间最短的是王 × ×为0.28s，时间最长的是徐 ×为0.32s。女运动员中后横踢时间较短的是厉 × ×为0.32s，时间较长的是王 ×为0.36s。通过对启动阶段时间特征的分析可以得出，男女运动员的启动时间很接近，时间最短为0.06 s，时间最长为0.08s，原因是这一阶段动作幅度比较小，只是踢击腿脚跟离地到脚尖离地的过程；提膝阶段在整个动作过程中所用时间最长，原因是这一动作的幅度比较大；踢击阶段中时间最短的为0.07s，最长的为0.11s，差距为0.04s，这一阶段男女差异并不大。

跆拳道项目中强调“迅速”，即动作时间短是运动员在比赛中运用技术的关键。要想缩短整个动作的时间，关键是要缩短启动时间和提膝时间。而踢击时间则很难缩短，因为整个踢击过程就是小腿在大腿带动下完成的。一般来讲，启动时间短，动作预兆小，并且打击力量大为最佳，这也是评价一名跆拳道运动员水平高低的重要标准。

6. 踢击腿各关节观测点速度变化

踢击腿各关节观测点速度见表3-2。

表3-2 踢击腿部各关节观测点速度表（单位：m/s）

类别			启动阶段			提膝阶段			踢击阶段		
姓名	性别	观测点	最大值	平均值	最小值	最大值	平均值	最小值	最大值	平均值	最小值
高××	男	髋	4.53	2.45	0.41	4.82	3.65	2.42	4.28	3.32	2.54
		膝	4.05	2.48	1.01	7.20	9.52	7.30	5.45	4.18	3.20
		踝	3.20	2.28	1.52	12.54	10.30	8.20	18.53	15.75	13.40
白×	男	髋	5.20	3.40	1.80	5.15	4.89	4.76	3.85	3.30	2.90
		膝	6.70	4.65	2.50	11.63	10.20	8.76	7.21	5.50	3.75
		踝	4.21	2.45	0.80	15.01	11.53	7.80	18.30	17.31	16.35

续表

类别			启动阶段			提膝阶段			踢击阶段		
姓名	性别	观测点	最大值	平均值	最小值	最大值	平均值	最小值	最大值	平均值	最小值
王××	男	髋	1.91	1.65	1.52	4.05	3.30	2.35	3.20	2.85	2.76
		膝	3.85	2.76	1.72	8.65	6.80	5.32	6.20	5.14	4.30
		踝	4.43	3.28	1.20	10.83	9.65	8.40	18.65	16.83	15.11
徐×	男	髋	3.64	3.46	3.21	5.12	4.25	3.15	3.85	3.40	2.84
		膝	4.20	2.46	0.95	6.90	9.21	7.14	5.28	4.16	3.08
		踝	3.15	2.23	1.36	12.18	10.04	7.96	18.13	15.56	13.12
厉××	女	髋	3.02	2.43	1.98	3.62	3.12	2.68	3.15	2.43	1.84
		膝	6.20	4.12	2.08	7.08	6.68	6.35	5.61	5.16	4.56
		踝	3.85	2.41	1.08	12.02	9.53	7.09	15.42	14.63	13.65
王×	女	髋	2.56	2.34	2.48	3.67	2.82	2.65	2.20	3.31	1.28
		膝	6.42	1.02	5.36	9.03	8.25	7.46	7.02	2.14	2.56
		踝	1.58	2.45	0.69	11.65	9.23	8.32	14.92	14.35	13.51

由表3-2可知，4名男运动员踢击阶段踝关节观测点最大速度分别为18.53 m/s、18.30 m/s、18.65 m/s和18.13 m/s，2名女运动员踢击阶段踝关节观测点最大速度分别为15.42m/s和14.92m/s，其中速度最高的王××为18.65m/s，速度最低的王×为14.92m/s；从男女对比来看，男运动员的速度明显快于女运动员，这主要是男女生理上的差异所造成的。

从总体上分析，6名运动员髋关节观测点速度变化与膝关节点速度变化趋势相似，以高××为例，他的髋关节观测点的平均速度在三个阶段分别为2.45m/s、3.65m/s和3.32m/s，表现为一定的初速度、速度加快、速度减慢但仍较快；高××的膝关节观测点的平均速度在三个阶段分别为2.48m/s、9.52m/s、4.18m/s，同样表现为一定的初速度、速度加快、速度减慢但仍较快，没有出现由于髋关节、膝关节的依次制动，而在最后踢击阶段速度明显下降的现象。因此，本研究把横踢过程中髋关节、膝关节观测点的速度变化归纳为“小—大—中”。

7. 身体重心变化情况

速度是对运动体或运动局部活动度大小的反映，是机体相关肌肉工作的紧张程度以及运动目的的最直接体现。当运动员运用横踢技术进攻时，重心速度的变化情况是评价跆拳道运动员进攻快慢的一个重要综合指标。在横踢过程中，运动员如何克服身体的惯性并能迅速地增加身体重心的速度，是争取有效进攻时机的关键。

不同阶段重心速度变化情况见表3-3。

表 3-3　不同阶段重心速度变化情况表（单位：m/s）

姓名	性别	启动阶段		提膝阶段		踢击阶段		总体变化	
		平均值	波动值	平均值	波动值	平均值	波动值	平均值	波动值
高××	男	1.85	0.33	2.26	0.27	3.60	1.18	2.57	0.86
白×	男	2.43	0.47	2.85	0.21	3.03	0.24	2.78	0.31
王××	男	3.75	0.24	2.98	0.19	3.08	0.20	3.18	0.63
徐×	男	1.76	0.29	2.46	0.24	3.43	0.31	2.43	0.79
厉××	女	1.34	0.35	1.86	0.21	1.94	0.28	1.79	0.34
王×	女	1.04	0.27	2.33	0.19	2.89	0.18	2.41	0.89

表3-3中列出了6名跆拳道运动员横踢过程中各个阶段的重心速度变化情况，从数据可以看出，男运动员沿X轴方向的重心速度明显快于女运动员。其中，男运动员中总体重心速度最大为3.18m/s，最小为2.43m/s；女运动员中总体重心速度最大为2.41m/s，最小为1.79m/s。另外，从数据对比中发现，其中5名运动员的重心速度是不断增加的。三个阶段的重心速度高××分别为1.85m/s、2.26m/s、3.60m/s，白×分别为2.43m/s、2.85m/s、3.03m/s，厉××分

别为1.34m/s、1.86m/s、1.94m/s，王×分别为1.04m/s、2.33m/s、2.89m/s，徐×分别为1.76m/s、2.46m/s、3.43m/s，总体上表现为“小—大—更大”的规律。

总的来说，优秀跆拳道运动员的重心速度在不同阶段的变化规律为“小—大—更大”，是一个不断增加的过程，这一特征正好符合了跆拳道教练员从经验中总结出来的规律，即用“体重”去击打对方，从而有利于运动员抓住有利时机，能够准确有力地踢击对方的有效部位，为打点得分创造有利条件。

第三节 跆拳道横踢衍生技术——双飞踢技术

双飞踢技术（Nale-Chagi）是由跆拳道基本腿法两次横踢组合逐渐演变而来的技术动作，具有左右连击的特点，令对手防不胜防。在当今的竞技实战中，双飞踢这种一次动作两次击打的技术类型，被进一步扩展，形成了双飞踢启动，第二腿变换技术的多变腿法。

一、双飞踢技术动作

1. 动作过程

右势实战姿势（图3-13），左脚发力，左腿提膝带动右脚向外转动90°~120°（图3-14），同时左膝斜向上向左侧“鞭打”踢出，上体微微后倾（图3-15）；左小腿回收（图3-16），带动腰髋向左侧转动，同时右膝斜向上向右侧“鞭打”踢出（图3-17），右小腿回收落下，呈右势实战姿势（图3-18）。

图3-13

图3-14

图3-15

图3-16

图3-17

图3-18

2. 动作阶段

双飞踢技术的动作阶段主要包括：提膝转脚—踢收转髋—提膝踢出—回收落脚。

3. 技术类型

双飞踢攻防技术包括：前腿双飞踢进攻、后腿双飞踢进攻、前腿双飞踢反击、后腿双飞踢反击。

4. 易犯错误

（1）第一腿提膝未送髋。

原因：动作认识错误或上体过分直立。

现象：上体直立，髋关节未送出。

（2）扭转动作脱节。

原因：第一腿回收与腰髋翻转不一致。

现象：第一腿回收落地后，才进行腰髋的翻转动作，整个动作脱节。

（3）锁髋踢。

原因：上体没有后倾，髋关节无法送出。

现象：上体直立，只用两腿执行类似前踢的技术。

二、双飞踢技术动作解析

跆拳道双飞踢技术动作由于是两次横踢技术动作的连续动作，第一次横踢技术动作的幅度显然较正常的横踢技术动作幅度要小，以确保第二次横踢技术动作的顺利进行。以此类推，双飞踢技术动作还可以演变成三飞踢技术或多飞踢技术，其过渡横踢腿法技术均需要控制幅度。

1. 主要研究方法

现场用带内时标的摄像机进行同步拍摄，使用Ariel录像解析系统进行解析，将连接的关节点按时间序列进行排列。同时，查阅大量生物力学有关方面的研究成果和文献资料，并对拍摄测得部分数据采用spss12.0进行统计分析。

2. 结　论

（1）为避免肌肉僵硬，应采用灵活的步法来调整进攻姿势，以确保进攻动作的质量。起跳时，加快上肢摆动速度以保证获得较大扭转力，左腿摆动幅度不宜过大，右脚不能蹬转，左腿到达最高点下压时右腿离地。

（2）左脚外展下压，落地后迅速支撑，依靠右髋内旋产生横向“鞭打”力，同侧手臂伸直下压于体侧，异侧手臂屈肘制动于胸前保持上体前压。攻击完成后，上肢前压加速髋部的伸展，右脚直接下落，缩短重心平移距离。

第四节 跆拳道横踢衍生技术——旋风踢技术

旋风踢技术（Dorge-Chagi），又名“360°横踢”，是由360°转身接横踢技术逐渐演变而来的技术动作，具有顺势旋转击打的特点，往往用于前一腿落空或缩短与对手距离后，顺势做旋风踢技术，击打对手的腹部或头部，以此获得较高的得分。

一、旋风踢技术动作

1. 动作过程

左势实战姿势（图3-19），右脚发力，左脚以前脚掌为轴顺时针旋转，右腿紧贴左腿直线向前摆出，身体旋转360°后，正面朝前（图3-20）；右脚落地瞬间，左腿提膝至腰部高度（图3-21），同时带动右脚以前脚掌为轴向外旋转180°，左膝向右侧水平方向发力（图3-22），左膝顺势“鞭打”踢出（图3-23），右小腿回收落下（图3-24），呈左势实战姿势（图3-25）。

图3-19

图3-20

图3-21

图3-22

图3-23

图3-24

图3-25

2. 动作阶段

旋风踢技术的动作阶段主要包括：蹬转旋转—落脚提膝—转脚转髋—“鞭打”踢出—回收还原。

3. 技术类型

旋风踢攻防技术包括：旋风踢进攻、旋风踢反击、旋风踢技术连接等。

4. 易犯错误

（1）旋转不平衡或未能一次性旋转。

原因：上体不能以中心轴进行旋转。

现象：身体斜着旋转或支撑脚2~3次发力旋转。

（2）横踢幅度较大。

原因：未能到达指定位置就落脚进行横踢动作。

现象：旋转度数不够，横踢出现横扫动作。

（3）动作过大，超过360°。

原因：旋转幅度较大，无法控制旋转惯性。

现象：在360°旋转时，两腿分得过大或横踢技术出现横扫动作，自身无法有效控制旋转。

二、旋风踢技术动作解析

跆拳道旋风踢技术动作是单脚转身后落脚横踢技术动作，快速的360°转身形成了强大的旋转力量，加快身体运行速度，并由此加大了连接横踢技术的打击力度，其对运动员在运动中的平衡控制能力提出了更高的要求，同时落脚瞬间要完成完整的横踢技术动作。

1. 主要研究方法

摄像解析法：拍摄中国跆拳道国家示范团主力队员的特技动作。现场用两台带内时标的摄像机，拍摄速度为50帧/s，每帧拆2场。两机主光轴互成70°夹角，对准动作平面中段，录制三维坐标框架后，再进行定点同步拍摄，使用Ariel录像解析系统进行解析，共解析630幅图像，截断频率为6Hz。对拍摄测得部分数据采用 SPSS12.0 进行统计分析。

2. 结　论

（1）在完成旋风踢技术动作的助跑时，转体的速度要快，右脚制动与支撑旋转要衔接好，蹬地获得地面对人体的反作用力，同时左脚前踮，迅速左移，身体左倾，重心移向左脚，同时获得地面对人体反作用力的水平分力，目的是获得人体向左的水平速度，便于完成后面的动作。

（2）右脚缓冲时，右侧踝关节、膝关节、髋关节依次迅速弯曲，重心下降失重，快速有力向下摆动双臂，增加身体的失重程度，增加地面对人体的反作用力，右脚在发力蹬离地面的同时，与地面接触的右脚应有向右旋转的用力趋势，从而得到地面对人体向左的摩擦力矩，这是人体腾空后获得转动动能的关键；蹬离时右脚快速有力蹬地，猛烈用力伸髋伸膝，急拉上体，增加对地面的冲力，获得更大的反作用力，从而获得更大的腾起垂直初速度和腾空高度，同时要注意左脚的摆动配合，上体后仰的同时注意控制好重心。

（3）腾空后注意上体的制动，身体除了有绕纵轴的转动动能外，还有两腿绕额状轴的相向运动，左右髋先后打开，带动下肢积极“鞭打”，经过最高点后左腿折叠，右脚内扣，注意控制膝关节、踝关节角度。

（4）在落地阶段，全身以右脚尖触地过渡到前脚掌着地，右腿膝关节积极弯曲缓冲，同时躯干随着下降也缓冲，紧接着左脚向后展开撑地后左膝也积极弯曲，通过延长作用时间减小地面对人体的伤害。

第五节　跆拳道侧踢技术

侧踢技术（Yup-Chagi）是跆拳道腿法技术中的直线发力腿法，是克制弧线发力的腿法，也是横踢技术最有力的手段，但因其动作本身难度较大，一般训练者不能较好地运用它来抑制横踢技术等弧线发力技术。水平较高的运动员则能更多、较好地在竞技实战比赛中使用侧踢技术。

一、侧踢技术动作

1. 动作过程

右势实战姿势（图3-26），左脚发力，左腿提膝至腰部以上高度，带动右脚以前脚掌为轴向外旋转180°（图3-27），左膝向右侧水平方向发力，使左小腿保持横向水平，肩关节、髋关节、踝关节成一线；左小腿水平上抬至最高点（图3-28），上体顺势向下至水平高度，同时左大小腿同时发力，直线踢出，着力点在脚跟（图3-29）；此时髋、膝、踝成一线；大小腿折叠回收落下，呈左势实战姿势（图3-30）。

图3-26

图3-27

图3-28

图3-29

图3-30

2．动作阶段

侧踢技术动作阶段主要包括：提膝—转脚转髋—直线踢出—回收落地。

3．技术类型

侧踢攻防技术包括：前腿侧踢进攻、后腿侧踢进攻、前腿侧踢反击、后腿侧踢反击等技术。

4．易犯错误

（1）转脚度数不足。

原因：后腿发力不足或转脚能力不够。

现象：上体与腰、髋及臀部不在一条直线上。

（2）出腿时，上体不固定。

原因：腰腹力量不足，无法固定。

现象：上体向下落，力量分散。

（3）脚型松散。

原因：着力点认识不足或未进行专门的脚型练习。

现象：腿踢出时，脚型松散，发力点不明确、集中。

（4）高度不够。

原因：与柔韧性等能力不足有关。

现象：踢击高度达不到头部以上。

二、侧踢技术动作解析

跆拳道侧踢技术动作是跆拳道腿法中两种前后直线运动的腿法之一，无论是向上的高度还是大小腿收腿的幅度，对身体的柔韧性都有很高的要求。快收快出是侧踢技术动作完成的首要因素，同时支撑腿和腰腹的稳定性是技术动作完成的保障。

1. 主要研究方法

（1）影像拍摄中使用了7台高速摄像机，摄像机采用68万Progr EssivEScanCCD方式，不仅可以录制出高清画质，而且通过Digital200倍聚焦可实现远距离测定，摄像机的拍摄速度设定成500framE/s。反光马克球的粘贴位置包括关节定位点及追踪点。

（2）使用应变标准尺寸的测力台，对于附在X、Y、Z三侧的3个力矩分 Mx、My、Mz同时测定，可以算出X、Y、Z三侧的力量成分和测力台上的压力中心的位置和力矩。辅助板为了不给地面反力器的安全和测验对象的动作完成带来负担，使用了和地面反力器相同大小的辅助板。

（3）肌电图的频率范围设定为20～500Hz，增加通过8波段输入的模拟肌电图信号，数字信号的变换是利用14Bit模拟数字转换器（14 Bit Analog-Digital Conv ErtEr）完成。被转换的信号从光缆转换到USB的装置就是TT-USB，利用它连接分析，用电脑进行资料收集。通过256Hz取样收集的资料，输入信号范围是0～400μV，收集资料的误差范围是±5%、±0.3μV，收集的资料通过MyoResearchXP软件处理。

（4）通过外部触发器，能够输入影像分析系统、肌电图分析系统、地面反力测定系统中的电子信号，同时也通过此信号，使各系统中获取的资料更加协调。

（5）使用3DXP来比较、分析影像和地面反力，肌电图装备使用以EMG信号获取的肌电图资料和肌电图分析系统进行分析。图表的制作、变因分析、差异查证则是由Excel2007、SPSS18.0进行。

（6）跆拳道品势侧踢动作，共分成了3个阶段和4个动作。

①阶段。1阶段：从准备姿势到踢出脚离开地面的瞬间。2阶段：踢出脚离开地面，膝关节形成最小角度的瞬间。3阶段：从最小角度到击中目标物的瞬间。

②动作。E1：动作开始前的准备动作。E2：动作时踢出脚落回地面的瞬间。E3：踢出脚的膝关节角度变成最小角度的瞬间。E4：踢出脚击中目标物的瞬间。

2. 结　论

综上所述，第1阶段将踢击脚脚跟向大腿直肌方向快速提拉，提高推进力，弯曲膝关节角度后减小左右移动，形成最大角度跖屈伸展，打击目标物时缓慢减小，保持身体平衡，将重心放在支撑脚上；第3阶段膝关节角度接近180°，实现最大伸展的同时，踢击腿和支撑腿的股关节角度实现最小弯曲。支撑腿的右侧腓肠肌和右侧大腿直肌展现的高灵活性与侧踢动作的稳定有着密切关系，踢出腿的左侧大腿肱二头肌和大腿直肌对打击目标物的冲击力有很大影响。

第六节　跆拳道下劈技术

下劈技术（Naeryo-Chagi）是跆拳道腿法技术中最重要的击头技术，属于正面直线发力腿法，在短距离的攻防转换过程中，往往可以做到击头得分。

一、下劈技术动作

1. 动作过程

左势实战姿势（图3-31），右脚发力带动左脚微微向外转动，脚跟抬起，上体微微后倾30°以内，右腿大小腿折叠屈膝上提至肩部高度；右小腿伸出至头部高度后（图3-32），顺势向下劈出，腰部向左侧微微扭转加强下劈速度（图3-33）；右腿屈膝，右脚前脚掌落地，呈右势实战姿势（图3-34）。

图3-31

图3-32

图3-33

图3-34

2. 动作阶段

下劈技术的动作阶段主要包括：提膝转脚—小腿伸出—转身劈击—回收落脚。

3. 易犯错误

（1）提膝转脚幅度过大。

原因：对上体控制能力不足。

现象：提膝转脚幅度太大，整个身体呈现侧向提膝。

（2）提腿不高。

原因：提膝时，上体没有微微后倾。

现象：提膝伸小腿时，无法达到头部高度。

（3）直腿起下劈动作。

原因：受柔韧性等身体条件限制，直腿起更容易。

现象：下劈的腿没有屈膝，大小腿完全伸直起腿。

（4）直腿落脚。

原因：重心前移太早，导致身体前压，下劈腿快速落地。

现象：直腿落地，落脚声音很大。

二、下劈技术动作解析

跆拳道下劈技术是跆拳道腿法中比较特殊的腿法，它虽然也符合腿法的基本特征，但是在表现形式上迥然不同。跆拳道大多数腿法属于横向旋转腿法，而下劈腿法技术属于上下运动的腿法。由于下劈技术属于正面腿法，同时起腿至高点路线较长，远距离下基本无法形成有效的攻击，往往是在对方运动员向前运动，形成短距离时，更容易击头成功。

1．动作阶段

下劈技术是将腿抬高后，往下攻击对方头部的动作，分直摆式与屈伸式两种，是攻击上端的主要攻击动作，其应用部位是脚跟或脚底部。直摆式下劈腿法是指踢腿时以直膝方式踢击的下劈腿法；屈伸式下劈腿法是指踢腿时先屈膝再伸展的下劈腿法。

本书只研究屈伸式下劈腿法，为了便于分析、阐述，把踢击腿脚跟离地瞬间到踢中脚靶作为一个完整的下劈过程，把这一运动过程分为三个阶段，分别为启动阶段、提膝阶段（包括屈膝阶段和伸膝阶段）和踢击阶段。现将各个阶段界定划分如下。

（1）启动阶段：运动员由实战姿势开始，从踢击腿脚跟启动开始到踢击腿脚尖离地瞬间止。

（2）提膝阶段：下劈过程中，运动员踢击腿脚尖离地后有一个明显的大腿抬起提膝、屈膝又伸膝的运动过程，所以提膝阶段被定义为从下劈踢击腿离地瞬间始，到膝关节角度变化，到最小值，又到最大值止的全过程。它包括屈膝阶段和伸膝阶段。屈膝阶段定义为从脚尖离地到膝关节角度最小这一阶段；伸膝阶段是从膝关节角度由最小值到最大值转变这一阶段。

（3）踢击阶段：定义为从膝关节伸到最大角度开始，到运动员踢击腿的脚面踢击脚靶瞬间止。

2. 主要研究方法

（1）摄像测量法：采用三维摄像测量技术分别获得8名优秀跆拳道运动员的下劈动作技术动态图。

（2）图像解析法：应用专业的图像解析系统（Nokov）分析下劈技术的动作特征，为跆拳道教学以及科学训练提供理论依据。

（3）数理统计法：运用Excel对每一组数据样本进行处理，为理论分析提供运动学参数。

3.测试仪器和软件

使用8台国内自主研发的动捕摄像头（Nokov Mars 2H）进行三维运动捕捉，试验中还用到若干个表面带有特殊反光物质的Marker标记点，2个带有Marker标记点的T形和L形标定框，1台收集和同步数据的HUB交换机，1台高配置的笔记本电脑，8个自带三向云台的三脚架，数据线若干。采用Nokov自带系统对拍摄到的动态画面进行三维数字化解算。

4. 测试方法

在北京体育大学科研中心大楼的标准实验室内，将8台动捕摄像头按照H301到H308的顺序顺时针呈八边形放置，摄像头高约2米，相邻两台摄像头的夹角为45°，每个摄像头的拍摄频率为60 帧/s，为了保证所得图像清晰，采用1/250s的快门速度。在实验开始前，将L形标定框放置在实验场地中央，标定水平面为X、Y轴，标定时间为1s，然后用T形标定框在实验所覆盖的区域内进行标定，标定为Z轴，标定时间为75s。

在每名受试者做完充分准备活动后开始拍摄，为了实验更精确，动捕5次，获得每名运动员同一动作的5个动态图，用Nokov自带的解析系统将每名运动员的动图进行三维数字化解算，依据现场教练员对动作的评价以及动捕中实际完成动作的情况，对每名运动员5次动作中完成质量最好的一次进行解析，得出研究所需数据。

5. 下劈腿技术不同阶段的运动学特征

（1）不同动作阶段的时间特征。对动作全过程和各个阶段的分析，不但有助于人们认识外部技术特征，而且通过对动作节奏的分析，还可以从更深层次对技术动作结构的合理性进行评价。受试者完成下劈腿技术动作整个动作过程所用时间及各阶段所用时间见表3-4。

表3-4　下劈过程中各阶段所用时间表（单位：s）

姓　名	运动等级	完整动作	启动阶段	提膝阶段	踢击阶段
高××	国家一级	0.43	0.21	0.16	0.06
白×	国家一级	0.48	0.24	0.18	0.04
王××	国家健将	0.42	0.19	0.17	0.06
厉××	国家一级	0.53	0.19	0.26	0.08
董××	国家二级	0.56	0.24	0.28	0.04
徐×	国家一级	0.54	0.18	0.28	0.08
王×	国家二级	0.57	0.23	0.28	0.06
总体特征		0.50±0.06	0.21±0.03	0.23±0.06	0.06±0.02

通过三维数字化解析，得到了运动员下劈过程中不同动作阶段的时间对比表，从整个下劈动作时间来看，运动员的整个下劈过程时间为0.50s±0.06s。从完成整个下劈动作时间来看，健将级运动员王××所用时间最短为0.42s；一级运动员中，动作时间最短的是高××为0.43s，时间最长的是徐×为0.54s；二级运动员中，动作时间最短的是董××为0.56s，时间最长的是王×为0.57s。完成完整下劈动作所用时间最短的是健将级运动员，其次是一级运动员，最长的是二级运动员，这与他们的运动等级相符。通过对启动阶段时间特征的分析可以看出，一级运动员的启动时间最短为0.18s，时间最长为0.24s，二级运动员的启动时间最短为0.23s，最长为

0.24s。可以看出他们所用时间差距较大，原因是启动阶段虽然动作幅度较小，但是在踢击腿从脚跟离地过渡到脚尖离地的过程中，他们要调整进攻的角度。提膝阶段在整个过程中所占的时间最长为0.23s ± 0.06s，原因是从脚尖离地开始到膝关节屈曲又伸膝到最大，这一动作的幅度比较大。踢击阶段中时间最短为0.04s，最长为0.08s，差距为0.04s，这一阶段的级别差异并不大，所以当运用下劈进行踢击动作的时候就显得动作快而有力。在跆拳道实战中，竞技场上的情况瞬息万变，机会稍纵即逝。下劈启动的时间相对稍长，其优点是腰腹部肌肉拉伸充分，打击力量大，缺点就是幅度过大，启动的时候易被对手发觉，失去机会。因此，这就要求运动员根据赛场情况做出准确判断，并做出假动作来迷惑对方，找准机会使用下劈腿。缩短整个动作时间的关键就是缩短启动阶段和提膝阶段的时间，而踢击阶段的时间很难缩短，因为整个踢击过程就是大腿在髋关节伸髋下完成的。

（2）踢击腿各观测点位移变化。从表3-5可以看出踢击腿髋关节、膝关节、踝关节、脚尖位移—时间变化都很相似，在启动阶段基本相同。在提膝阶段每个观测点的位移都增加，脚尖和踝关节最明显，有显著性增加，髋关节移动幅度最小，移动范围在1m左右，为脚尖的进攻提供可能。脚尖的进攻位移平均为2.58m，厉××幅度最小，只有2.50m，这主要是由她的身高所决定。

表3-5　踢击腿各观测点位移情况

姓名	身高（m）	髋（m）	膝（m）	踝（m）	脚尖（m）
高××	1.88	1.11	1.75	2.45	2.56
白×	1.93	1.25	1.83	2.55	2.64
王××	1.90	1.19	1.80	2.42	2.54
厉××	1.74	0.89	1.65	2.41	2.50
董××	1.84	1.10	1.74	2.40	2.54

续表

姓名	身高（m）	髋（m）	膝（m）	踝（m）	脚尖（m）
徐×	1.96	1.27	1.84	2.65	2.75
王×	1.82	1.03	1.70	2.41	2.55
平均值	1.87	1.12	1.76	2.47	2.58

（3）踢击腿各观测点速度变化特征。由表3-6可知，4名一级运动员和1名健将级运动员的脚尖最大速度依次为 9.09m/s、10.25m/s、3.28m/s、10.68m/s、10.69m/s；2名二级运动员脚尖最大速度依次为 8.91m/s、9.37m/s，其中速度最快的是王×为9.37m/s，速度最慢的是董××为8.91m/s。从级别对比来看，一级运动员的速度明显要大于二级运动员。

表3-6 踢击腿各观测点速度表（m/s）

类别			启动阶段			提膝阶段			踢击阶段		
姓名	运动等级	观测点	最大值	平均值	最小值	最大值	平均值	最小值	最大值	平均值	最小值
高××	国家一级	髋	1.94	1.6	1.14	4.25	2.54	0.96	1.44	1.07	0.81
		膝	4.18	1.95	0.39	6.58	4.33	2.00	3.05	2.98	2.93
		踝	3.28	1.19	0.12	7.7	6.34	1.86	5.65	5.00	3.18
		脚尖	9.09	0.56	0.13	9.37	7.34	1.8	7.78	6.20	4.09
白×	国家一级	髋	2.99	2.28	1.85	2.19	1.72	1.79	1.72	1.61	0.52
		膝	5.37	1.55	3.01	2.18	1.73	1.79	2.52	1.66	1.48
		踝	5.64	4.03	2.65	7.49	6.03	5.78	6.28	5.05	5.3
		脚尖	10.25	2.53	1.22	8.89	6.75	2.23	6.16	5.82	5.4
王××	国家健将	髋	2.98	2.53	1.73	2.74	1.70	0.88	7.36	1.36	1.68
		膝	4.86	3.22	2.02	6.05	4.44	1.88	3.44	3.16	2.83
		踝	4.2	2.43	1.38	7.69	6.45	2.19	6.54	2.33	3.23
		脚尖	10.69	3.55	2.23	5.66	2.13	2.55	6.35	5.03	4.56

续表

类别			启动阶段			提膝阶段			踢击阶段		
姓名	运动等级	观测点	最大值	平均值	最小值	最大值	平均值	最小值	最大值	平均值	最小值
厉××	国家一级	髋	3.49	3.22	2.33	6.23	2.33	2.36	7.65	4.12	5.61
		膝	4.23	3.55	1.03	8.00	6.53	4.88	8.33	1.03	6.33
		踝	8.93	1.55	6.33	2.36	5.21	5.23	7.55	4.89	5.36
		脚尖	3.28	0.99	2.33	4.23	8.99	1.32	4.56	3.21	3.66
董××	国家二级	髋	2.82	3.22	2.32	6.03	2.33	2.25	5.11	1.23	2.55
		膝	6.49	3.01	4.25	2.23	1.25	1.23	4.55	4.25	2.54
		踝	7.28	4.25	1.52	6.03	2.33	2.25	5.11	1.23	2.55
		脚尖	8.91	1.25	4.32	2.25	4.25	1.22	7.23	2.36	6.33
徐×	国家一级	髋	2.85	3.66	1.44	9.41	3.25	2.23	2.22	4.87	5.22
		膝	4.65	2.55	2.33	4.56	6.32	3.56	3.54	1.01	5.33
		踝	6.32	2.55	3.36	8.87	5.23	6.92	4.56	6.54	4.25
		脚尖	10.68	3.66	1.25	6.36	6.25	4.44	5.62	2.55	4.23
王×	国家二级	髋	4.30	1.23	3.25	9.09	1.23	5.65	6.25	5.22	2.33
		膝	3.55	2.22	2.36	6.68	1.33	6.52	10.66	4.55	3.52
		踝	6.33	5.23	6.23	5.22	3.25	1.32	3.21	3.21	2.52
		脚尖	9.37	2.22	4.56	6.23	3.65	4.56	6.54	1.23	4.56

从总体上分析，7名运动员脚尖速度变化与踝关节速度变化趋势相似，都在提膝阶段达到速度峰值。膝关节较早达到速度峰值，然后逐渐降低，在踢击阶段略有增加。总体上看，髋关节在启动阶段速度最大，后逐渐降低，主要是由于蹬地转髋动作，使髋关节以垂直轴做轴转动。

各关节速度曲线中，髋关节速度较小并且变化不大，膝关节、踝关节和脚尖的速度曲线变化明显，膝关节较早达到速度峰值，然后减速，接着踝关节和脚尖几乎同时达到速度最大值，之后迅速下降，然后又迅速上升，但没有达到最大速度。这样的速度曲线特征是下劈动作执行过程的体现。

6. 结 论

（1）从时间特征分析来看，整个动作为0.50s±0.06s，启动阶段为0.21s±0.03s，提膝阶段为0.23s±0.06s，踢击阶段为0.06s±0.02s。影响完成整个动作过程时间的因素首先是爆发力，其次是运动员的技术能力。完成下劈动作所用时间是完成下劈动作质量的决定性因素。

（2）从踢击腿髋关节、膝关节、踝关节、脚尖的位移来看，髋关节位移 1.12m，膝关节位移 1.76m，踝关节位移 2.47m，脚尖位移为 2.58m。影响踢击腿攻击距离的主要因素是运动员的身高、腿长和柔韧性。跆拳道下劈动作的攻击距离明显大于后腿横踢动作。由于进攻距离长，比较容易击中对方，所以踢击腿的脚尖攻击距离也是完成下劈动作质量的重要因素。

（3）从踢击腿观测点速度变化来看，踝关节和脚尖观测点的最大速度出现在提膝阶段和启动阶段，而不是踢击阶段，在踢击阶段都达不到最大速度。踢击腿和脚尖较早达到速度峰值，而后下降，并且下降幅度较大，在踢击阶段虽有上升，但没有达到最大速度。造成这种情况的主要原因是在提膝结束时膝关节伸直，这样就增加了整个踢击腿的回转半径，也就是增加了整个踢击腿的转动惯量，进而影响了髋关节的转动速度。因此，在踢击阶段应充分展髋，靠髋关节带动踢击腿下压。

第七节 跆拳道后踢技术

后踢技术（Di-Chagi）是跆拳道腿法技术中转身腿法技术之一，随着转身击腹、击头得分的不断增加，这一技术已经成为优秀运动员必须熟练掌握的技术。

一、后踢技术动作

1．动作过程

右势实战姿势（图3-35），左脚发力，重心移至右脚，以右脚脚掌为轴顺时针旋转150°，即左脚脚跟朝前指向目标（图3-36）；左腿大小腿折叠紧贴右腿直线向前踢出，上体同时逆时针平转，呈团身动作至略高于水平线，团身动作即含胸收腹，低下颌右侧转，侧视左肩；大小腿同时发力，向后踢出（图3-37），力达脚跟，大小腿折叠后落下（图3-38），左腿回收落地，呈左势实战姿势（图3-39）。

图3-35

图3-36

图3-37

图3-38

图3-39

2．动作阶段

后踢技术动作阶段主要包括：转身转脚—团身收腿—直线踢出—收腿还原。

3．技术类型

后踢攻防技术包括：后踢进攻、后踢反击、后踢的连接等技术。

4．易犯错误

（1）折叠腿做成抬腿。

原因：两种方式不明确。

现象：抬腿至大腿水平位置，不利于腿的踢出。

（2）塌腰。

原因：团身不足。

现象：胸部外展，上体直立，进而形成塌腰动作。

（3）转身转头过大。

原因：对旋转的控制欠佳及头部动作不对。

现象：踢出腿后，身体不在一条直线上，头部及上体偏向旋转方向。

二、后踢技术动作解析

后踢技术一般由准备姿势、转头及身体与踢击腿的折叠蓄势、伸髋及伸膝的击打、击打后迅速收腿还原四个技术环节组成。下面就对其中的主要技术环节加以分析。

1．转头及身体与踢击腿的折叠蓄势

这一动作是后踢技术的主要环节，它的好坏直接影响着后踢的质量。转头是要以头带动身体迅速转动，这时要完成三个任务：①转头目视踢击

目标；②完成右腿与左腿前后位置的互换；③形成身体与踢击腿的折叠蓄势。头部的运动影响人体的方向，故身体的转动以头为先导，快速地转头不但缩短了目光离开对手的时间，还会反射性地提高身体的转动速度，产生较大的惯性。另外，转头后上体的及时制动可以大大提高后踢的速度。

2. 伸髋及伸膝的击打

在这个技术环节中，还应该注意上下肢体的配合，不但要保持身体平衡，而且要注意保护住自己的得分部位。例如，踢击腿同侧肩要下压，注意保护自己的得分部位，同时形成与躯干的扭转，借以提高踢击腿的力量和速度。

3. 击打后迅速收腿还原

在后踢击打后迅速收腿这一过程中，其动作有两个明显的特征。

（1）由准备姿势的双腿支撑变为单腿支撑，显然支撑面积缩小，人体的稳定性也随之减少，这样就打破了人体的平衡。

（2）重心由在双腿支撑时的两腿之间逐渐转化到单腿支撑时的单腿上，再转化到踢击后单腿支撑面的前方；这一系列的变化过程大大影响了人体的稳定性，容易使人体失去平衡，从而给对手创造得分机会。

综上所述，踢击后迅速主动收腿落地，不仅控制了重心的过分前移和人体的平衡，而且为接下来的进攻或防守创造了相对有利的条件。

4. 结　论

（1）通过分析不难看出，伸髋、伸膝的踢击是后踢技术中的关键。要使后踢的力量、速度都充分发挥出来，就必须遵循大关节先产生活动的原理。因此，后踢力的传递顺序是腰—髋—膝—脚，且发力点在腰。

（2）为了提高后踢的效率，就必须使后踢保持直线运动轨迹，有两个关键环节：一是当上体转到背对目标时要及时“制动”，使转动的能量向后踢的动作传递，这时踢击腿的同侧肩需要“留住”并微向前下压以维持整个身体的平衡；二是踢击腿要贴着支撑腿内侧向后踢向目标。

（3）在实践中，运动员不但要充分发挥自己的“得意技”，而且要有多种得分手段。后踢技术不仅是重要的防守反击技术，还能专门对付比赛中使用频率最高的轮踢技术，故在比赛中后踢得分的机会非常多，只要时机把握得好，得分效果非常明显。

第八节　跆拳道推踢技术

推踢技术（Mirro-Chagi）是电子护具条件下的竞技实战比赛中异军突起的一项腿法技术，现已成为当今比赛必不可少的技术，尤其是在每一个交手回合的开始，作为开路的腿法被大量使用，同时也是有效的阻击腿法。

一、推踢技术动作

1．动作过程

左势实战姿势（图3-40），右脚发力，左脚以脚掌为轴向外旋转90°，右腿大小腿折叠紧贴左腿提起，右脚脚跟提至腰部上方，此时上体保持侧向，踝关节中线与髋关节中线成一线，大小腿夹紧成斜上45°（图3-41）；右腿送髋、大小腿水平直线踢出，在后1/3程形成推的动作（图3-42）；右腿大小腿折叠回收落下（图3-43），呈右势实战姿势。

2．动作阶段

推踢技术动作阶段主要包括：提膝转脚—斜上折叠—直线踢推—回收还原。

图3-40

图3-41

图3-42

图3-43

3. 技术类型

推踢攻防技术包括：前腿推踢进攻、后腿推踢进攻、前腿推踢阻击或反击、后腿推踢阻击或反击。

4. 易犯错误

（1）膝关节没有斜上运动。

原因：方法不明或片面追求速度，动作不到位。

现象：膝关节正向提膝，完成出腿动作。

（2）推的技术动作没有直线向前。

原因：多数为重心过早前移导致。

现象：重心过早前移，上体前压，出腿向下发力。

二、推踢技术动作解析

跆拳道推踢技术动作是跆拳道腿法中两种前后直线运动的腿法之一，它的技术表现形式更适宜形容为“踢+推”，在斜角收腿后快速直线踢出，在接触物体后推出。

1．主要研究方法

（1）录像观察法：通过观察2014年全国跆拳道锦标赛男女各级别决赛，其中男子54kg、58kg、63kg、68kg、74kg、80kg、87kg、87+kg级别，共8场比赛；女子46kg、49kg、53kg、57kg、62kg、67kg、73kg、73+kg级别，共7场比赛（女子67kg冠亚军赛为弃权胜，故不计入），男女级别共计15场比赛的录像，从中统计出比赛中使用推踢技术的次数与得分情况。

（2）实验法：实验采用1台JVC 3000对5名二级以上运动员在同一平面下运用推踢进攻技术与横踢进攻技术、推踢反击技术与横踢反击技术进行定点定机拍摄。摄像拍摄频率为25帧/s,曝光时间为1P3000s。在录像解析时，提取画面的奇数场和偶数场进行数字化，解析画面为50场/s。摄像机的放置方式：主光轴距地面高度约1.2m，拍摄水平方向一方运动员分别使用事先选定好的四组动作：进攻横踢、进攻推踢、反击横踢、反击推踢，以击打到另一方运动员为止；使用视讯录像解析系统，对20组成功动作进行技术分析。采用扎齐奥尔斯基人体模型，实验所得数据采用数字化滤波法进行平滑，截断频率为9Hz。

（3）数理统计法：用Excel对视讯系统得到的数据进行坐标转换，计算得到运动学指标。在Excel环境中使用Visual Basic 开发应用程序，编程计算各运动环节的位移距离、瞬时速度、身体倾斜度等指标，从而对推踢技术与横踢技术进行对比分析。

2. 电子护具条件下推踢技术大量使用的实际运用分析

随着跆拳道技战术水平的提高、规则的改变，以及电子护具的使用，推踢技术也可以改变战局，赢得比赛。在以往传统护具中，如果击打得有效果、响亮，裁判就会给出分数。而在电子护具中，不但要有效果，而且要有相应的力度，否则不会得分，这也提高了运动员得分的难度，力度由小级别到大级别都有不同的设定，故对力量的要求也有所提高。推踢技术在比赛中的运用不仅可以重击对手，还可以打击对手的自信心，是一种把对手蹬倒或蹬出界，然后判罚对手警告并得分的好方式。推踢技术已经从一种防守手段转变为比赛中的进攻手段，以隐蔽性强、攻防转变快的优势著称。笔者根据2014年全国跆拳道锦标赛决赛比赛录像，研究运动员在比赛中运用推踢技术的情况，分别对运动员在比赛中的技术运用情况进行统计分析，从而得出运动员运用推踢技术的情况。

（1）男子使用推踢技术在比赛中的效果分析。由表3-7可以看出，改为电子护具后推踢技术的使用次数非常高，由原先基本不怎么使用的腿法跃居为使用量第二的腿法，其运用次数为137次，占总使用次数的21.08%，且得分率也由原来的得分极少到现在得分率大幅度提高，其得分次数为9次，占总得分次数的31.03%。从数据中可以得出推踢技术在电子护具的条件下的作用已不可忽视，虽然还比不上横踢技术，但推踢技术较横踢技术力度大，更易在电子护具条件下得上分，在比赛中当对方使用横踢技术进攻时，采用推踢技术进行阻击反击效果奇佳，此技术不光利用对方向前冲的合力节省体力，而且力度大可以拉开与对方的距离，防止对方二次反击，安全性极佳。

表3-7　2014年全国跆拳道锦标赛男子决赛技术运用及得分情况

	横踢		推踢	下劈	双飞	后踢	后旋踢	其他	总计
	中位	高位							
运用次数（次）	336	24	137	59	45	24	8	17	650
运用率（%）	51.7	3.69	21.08	9.08	6.92	3.69	1.23	2.62	
得分次数（次）	9	3	9	5	3	0	0	0	29
得分率（%）	31.03	10.34	31.03	17.24	10.34	0	0	0	

（2）女子使用推踢技术在比赛中的效果分析。由表3-8可以看出，在女子比赛中，推踢技术被更多地使用。由于女子运动员较男子运动员柔韧性更佳，力度较男子更弱，故女子运动员更常使用推踢技术，不仅能进行中位攻击，更可连接其他技术从而进行变线技术得分，增加了头部的得分率。由于其安全性佳，在女子比赛中，推踢技术更常用作一种防守阻击方式，以拉开与对手的距离，破坏对手的进攻。推踢前需提膝，除技术需要外，亦可起到防护中位点的作用，同时利用推踢进攻腿法还可以极大地干扰对方的技术使用，破坏对方重心。

表3-8　2014年全国跆拳道锦标赛女子决赛技术运用及得分情况

	横踢		推踢		下劈	双飞	后踢	后旋踢	其他	总计
	中位	高位	中位	高位/变线						
运用次数	320	32	329	19	44	4	21	11	10	790
运用率%	40.51	4.05	41.65	2.41	5.57	0.51	2.66	1.39	1.27	
得分次数	13	0	3	4	3	0	1	1	0	25
得分率%	52	0	12	16	12	0	4	4	0	

推踢技术的出腿幅度小、速度快、隐蔽性强，在双方运动员技战术水

平相当的一些场次中，如果想取得比赛的最终胜利，可以运用推踢技术来改变战局。观看比赛时，会发现那些推踢技术运用得较好的运动员很会调节距离和重心，运用时机也把握得很好，总是很果断地出腿，造成对手倒地被判警告或重心位移，再接二次或更多的腿法来击打对手。

3. 电子护具条件下推踢技术大量使用的实验验证分析

通过实验，对推踢技术的身体位移距离、出腿速度、身体倾斜度进行实验研究。为更好地说明推踢技术被大量使用的原因，采用与横踢技术对比的方法进行说明。

每一项实验结果都说明了推踢技术适应电子护具比赛的要求，其安全系数高、失分少，且合力效果佳。

在跆拳道技术体系中，推踢技术与横踢技术在技术轨迹、运用距离等方面都具有共同点，而且在采用电子护具条件下推踢技术和横踢技术都是使用率较高的技术。对推踢技术与横踢技术进行对比分析研究，从而为推踢技术在比赛中的得分以及大量使用提供依据。

通过实验，计算各运动环节的位移距离、瞬时速度、身体倾斜度等指标，从而对推踢技术与横踢技术进行对比分析。

（1）躯干位移及头部位移。

由表3-9可以看出，在进攻情况下，5名被试中3名的进攻推踢位移距离大于进攻横踢位移距离，说明推踢技术在进攻情况下产生的位移要大于横踢技术。在比赛中采用推踢技术连接第二个技术可以起到很好的起承转合作用，减小第二个动作所需距离，从而增加得分率。在反击情况下，5名被试中有4名推踢技术产生的位移距离要小于横踢技术产生的位移距离，这说明在反击情况下推踢技术所需的距离条件更小，当对方运动员使用进攻技术进行攻击时，即使距离短，也可以使用推踢技术，且使用推踢技术进行反击可以更好地产生合力效果，在电子护具上得分。综合来说，推踢技术作为中位技术不管进攻还是反击都是不错的选择，其距离感易掌握，长短距离都可使用。

表3-9 起腿时至击打对方后躯干的位移距离（单位：mm）

	被试1	被试2	被试3	被试4	被试5
进攻横踢	655.1	-522.6	11366.6	609.4	-14854.6
进攻推踢	740.1	68.6	12130.7	-650.1	-9149.4
反击横踢	-48.4	193.8	-6031.6	155.4	-3995.5
反击推踢	-7.7	6.8	4499.5	13.1	-4935

注：正负代表方向，本实验不用考虑正负。

在电子护具条件下，头部得分变成3分以上技术，对比赛的结果起到极大的影响，为观察推踢动作的安全性、头部移动的位移距离，我们也做出了相应研究。从表3-10来看，在进攻情况下，推踢技术头部位移距离要大于横踢距离，故在使用推踢进攻时要更注意头部的防护，防止对方对头部进行攻击。在反击情况下，5名被试中有4名的推踢技术头部位移距离都小于横踢技术，可见，在反击情况下推踢技术更常被使用于阻击对手，并使对手产生位移，故在反击情况下使用推踢技术整体位移的距离都是很短的。使用推踢技术在未击打到对方的情况下注意防护头部，最好采用贴靠的方式而非后退。

表3-10 起腿时至击打对方后的头部位移距离（单位：mm）

	被试1	被试2	被试3	被试4	被试5
进攻横踢	440.9	-261.9	384.5	362.3	-321.9
进攻推踢	512.5	-605	384.5	-454.7	-486
反击横踢	-204	410.5	229.1	344.7	0.7
反击推踢	-77.1	6.8	40.9	184.5	-111.7

（2）出腿速度及身体整体速度。

横踢技术是比赛中的王牌技术，推踢技术作为新兴技术在速度、使用熟练程度上都低于横踢技术。但通过实验比较分析，推踢技术的潜力极大，还有待挖掘。随着对推踢技术的重视，加大对推踢技术的训练，其发展速度应会有大幅度的提高。

结合表3-11、表3-12可以看出，在进攻情况下，虽然出腿速度方面，推踢技术慢于横踢技术，但身体整体速度却快于横踢技术，说明推踢技术极具潜力，训练时需研究推踢技术更快出腿的方式。在反击情况下，同样，推踢技术的出腿速度要慢于横踢技术，但推踢技术的身体整体速度要快于横踢技术。因此，如何更快地使用推踢技术是今后训练和研究的方向。

表3-11　出腿速度（单位:mm/s）

	被试1	被试2	被试3	被试4	被试5
进攻横踢	3750	-131500	287000	-11000	-50500
进攻推踢	91750	-23250	156750	-11000	-28750
反击横踢	-7500	-1250	-60000	-53750	-93000
反击推踢	6000	2000	-1500	-11500	-14000

表3-12　身体整体速度（单位：mm/s）

	被试1	被试2	被试3	被试4	被试5
进攻横踢	-1750	-11250	590250	-5250	-140500
进攻推踢	10250	-6500	177500	9750	-1103750
反击横踢	4250	5500	-123750	8000	-30500
反击推踢	-1250	-8000	175000	8000	-584250

（3）身体倾斜角度。

由表3-13可以看出，在进攻情况下，5名被试中的4名使用推踢技术时的身体倾斜度要大于横踢身体倾斜度。进攻推踢位移距离长，说明推踢进攻时上体呈向后的趋势，在电子护具条件下，击打对方身体不光要有效还需要一定的力度，实施推踢动作时，身体向后可以一定程度上减弱合力效果，从而使自身更具安全性。在反击情况下，5名被试者中的4名使用推踢技术时身体倾斜度小于横踢技术身体倾斜度，说明反击推踢位移距离短，更可以证明在反击情况下，实施推踢技术时的身体很稳定，这样可以更方便连接其他动作进行连续反击。

表3-13　身体倾斜度（单位：°）

	被试1	被试2	被试3	被试4	被试5
进攻横踢	105	118	115	109	110
进攻推踢	115	123	116	125	105
反击横踢	113	114	113	115	85
反击推踢	100	106	104	102	93

通过整个实验研究得出，在电子护具条件下，推踢技术的大量使用是有迹可循的。第一，在以往的传统护具中，如果击打得有效果、响亮，裁判就会给出分数；在电子护具中不但要有效果，而且要有相应的力度，否则不会得分，这一点使得具有一定力度可以得分的推踢技术被选用，利用推踢技术进行迎击的效果极佳，其合力大也容易在电子护具上得分。第二，推踢技术与横踢技术相似。推踢技术虽然与横踢技术相比还有一定差距，但在一些数据上可以看出，推踢技术的潜能还是极大的，是可以进行挖掘的。推踢技术的安全性佳，攻击时距离长，反击时距离短，身体更稳定，易于结合其他技术进行变线技术动作，这些都使推踢技术在比赛中越来越受欢迎。在经过更加系统的实验及总结后，推踢技术会使运动员在比赛中创造更加优秀的成绩。

4. 结　论

（1）随着电子护具在比赛中的广泛使用，推踢技术的运用次数与得分效果也有了显著提高，被证明是可以在比赛中得分的技术，因此被运动员大量使用。

（2）推踢技术作为与横踢技术相似的中位技术具有极大的挖掘潜能，其攻击时距离长，身体倾斜大，具有安全性与攻击性；其反击时距离短，身体倾斜小，具有力度与稳定性。虽然出腿速度较慢，但身体整体速度较快，身体稳定程度佳，易结合其他技术进行变线技术。这些都在一定程度上促使推踢技术被大量使用。

第九节　跆拳道后旋踢技术

后旋踢技术（Dui-Hooryo-Chagi）是跆拳道腿法技术中较难的击头技术，在实际使用过程中击打效果非常明显，甚至可以达到击倒对手的程度。此项技术在反击时使用效果最好，尤其适宜在多次的攻防转换过程中使用。

一、后旋踢技术动作

1. 动作过程

右势实战姿势（图3-44），左脚发力，右脚以脚掌为轴逆时针旋转180°，上体同时逆时针平转，左腿大小腿折叠紧贴右腿（图3-45），向右前方头部高度45°方向踢出（图3-46），左脚跟在一个水平面上做向左的勾摆动作，即左脚跟开始发力勾摆，带动小腿及髋关节向左摆动至左前方45°（图3-47），大小腿收腿落地，还原成右势实战姿势（图3-48）。

图3-44

图3-45

图3-46

图3-47

图3-48

2. 动作阶段

后旋踢技术动作阶段主要包括：转身收腿—斜向直踢—水平勾摆—回收还原。

3. 技术类型

后旋踢攻防技术包括：后旋踢进攻、后旋踢反击、后旋踢的连接等技术。

4. 易犯错误

（1）出腿角度过大。

原因：转脚度数不够，过早起腿。

现象：距离打击点过远，刚触及到范围就已经回收了，无法形成水平勾摆。

（2）水平勾摆不足。

原因：髋关节转动幅度较小，摆动大腿幅度较小。

现象：没有形成在高位水平方向的勾摆动作。

（3）起腿不高。

原因：过早起身，动作没有完成前上体抬起。

现象：动作无法正常完成，下落回收过早。

（4）上体翻转。

原因：受转身影响，上体不固定。

现象：在动作过程中出现上体翻转动作，直接影响动作完成。

二、后旋踢技术动作解析

跆拳道后旋踢技术动作是由单腿支撑旋转后的高位勾摆技术动作构成的，强调单腿支撑的稳定性和出腿时机、角度，以及上体向后倾斜的配合。

1．主要研究方法

（1）测试方法：测试前，向被试就实施动作的空间和测试内容进行理论上的说明和讲解，进行30min充分的准备活动后，开始做后旋踢动作。对每位被试后旋踢动作各拍摄3次，拍摄每个技术动作前，采用外置闪光同步方法，以保证8台摄像机拍摄同步。

所有被试均穿着黑色的紧身服并在身体各关节处贴上反射标记后演示后旋踢动作，将摄像机得到的图像资料通过MXControl系统处理后运用MXNet系统传输到电脑主机上。

（2）资料处理方法：研究中的资料分析运用了Qualisys Track Manager2.0系统，数据分析模型采用汉纳范（Hananvan）人体标准分析模型，对已拍摄的对象，使用直接线性变换（Oirat Lirear Transformation，DLT）方法获取解析点的空间坐标，并对18个人体分节和关节观测点进行坐标处理。对资料采用四阶低通滤波器（Butter worth 4th low-passfilter）进行平滑处理，截断频率设置为12Hz。

（3）统计处理：在研究过程中，组间检验采用独立样本 t 检验确定组间差异，统计学检验的显著性水平为小于0.05，非常显著性水平为小于0.01。

2. 身体重心移动

后旋踢技术主要是攻击对手的头部，因此控制好运动员踢击瞬间身体重心的稳定和平衡是完成进攻动作的关键，否则会给对手留下反击机会。在做后旋踢动作时，在踢击腿离地瞬间，身体重心应快速向回旋方向移动，并尽量上提，如果重心降低，腰部就会松弛，导致支撑腿弯曲，影响动作速度。

3. 动作所用时间

在跆拳道实战比赛中，运动员发动进攻的效果受很多因素影响，而快速击打、攻其不备是非常重要的策略。在完成后旋踢动作的过程中，转体提膝阶段所用时间可被认为是守方运动员的反应时间，启动、转体提膝时间越短，留给对方运动员的反应时间也就越少。在对方反应不足的情况下，完成快速后旋踢进攻动作，必然有利于取得比赛的主动权。

4. 踝关节角度

优秀运动员和非优秀运动员在做后旋踢动作时，踢击腿的髋关节最大化弯曲的瞬间和击打目标瞬间踢击腿踝关节角度表现出显著性或非常显著性差异。踢击腿在向后蹬出击打时，踝关节有明显的外展动作，也就是所谓的 “鞭打”。建议在后旋踢时，尽量减小踢击腿和地面的角度，并在踢击腿与地面水平时攻击目标，这时踝关节才能保持最大化的伸展，产生“鞭打”效果，并且踢击腿的髋关节在最大程度弯曲后再打开时踝关节能快速“鞭打”。

5. 膝关节角度

在髋关节最大弯曲瞬间和进行踢击的瞬间，优秀运动员和非优秀运动员的踢击腿和支撑腿膝关节角度均出现显著性或非常显著性差异。由此可以判断：踢击腿髋关节只有最大限度地弯曲，弯曲的膝关节才能快速展开，在比赛时两条腿均应最大程度弯曲到踢击点为止。

6. 髋关节角度

研究结果显示，支撑腿的膝关节形成最大弯曲时，髋关节也同时弯曲，由此可以认为，在开始后旋踢动作时，支撑腿弯曲后在踢击腿踢出的瞬间，髋关节开始伸展，将对打击高度产生影响。踢击腿膝关节和髋关节最大程度弯曲时能增加击打力度。

从以上比较分析的结果可以看出，后旋踢技术是跆拳道腿法中难度很大的一个技术动作，有必要将其与直线性腿法和旋转性腿法区分开，成为独立的技术形态。运动员想要完成高质量的后旋踢动作，重要的是在旋转上体的瞬间掌握好下身的弯曲角度变化，而且踢击时，踝关节最大程度伸展和脚掌速度加快也非常重要。踢击腿离地瞬间，支撑腿的髋关节要最大程度弯曲，紧接着膝关节弯曲，这时踢击腿迅速伸展，完成踢击。

7. 结　论

（1）跆拳道运动员在做后旋踢动作时，踢击腿在离地瞬间身体重心要快速向回旋方向移动，同时重心要尽量上提，如果重心降低，腰部就会松弛，导致支撑腿弯曲，影响动作速度。

（2）优秀运动员比非优秀运动员能更快完成动作，这时踢击腿膝关节应最大程度弯曲，才能加快踢击腿的踢击速度，缩短动作时间。

（3）在髋关节最大程度弯曲瞬间和进行踢击的瞬间，优秀运动员踢击腿、支撑腿的膝关节角度与非优秀运动员相比，均出现显著性差异。因此，踢击腿髋关节只有最大限度地弯曲，弯曲的膝关节才能快速展开。

（4）踢击腿髋关节最大程度弯曲瞬间和击打目标瞬间，优秀运动员踢击腿踝关节角度与非优秀运动员相比，表现出显著性或非显著性差异。踢击腿髋关节最大限度弯曲再打开时，踝关节能快速“鞭打”。

（5）支撑腿弯曲后在踢击腿踢出的瞬间，髋关节开始伸展，将对打击高度产生影响，踢击腿膝关节和髋关节最大程度弯曲能增加击打力度。

参考文献

[1] 郭峰，张日辉，唐光大.优秀女子拳击运动员后手直拳鞭打动作技术分析[J].北京体育大学学报，2011，34（1）：64-66.

[2] 郭峰，张日辉.优秀女子拳击运动员后手直拳技术动作上肢肌肉表面肌电分析[J].沈阳体育学院学报，2009，28（4）：65-68.

[3] 黄宝宏.跆拳道高水平运动员后横踢技术动作的肌力特征[J].体育学刊，2009，16（9）：110-112.

[4] 吴瑛，刘海瑞，张庆文，等. 我国优秀男子拳击运动员后手直拳击打环节相关肌群的EMG特征及其运动学分析[J].中国体育科技，2012，48（2）：57-62.

[5] 陈泽全.我国运动生物力学研究方法、测量手段的现状及其展望[J].河南科技，2010（12）：2-3.

[6] 董德龙，郭海峰，王卫星. 我国国家男子跆拳道运动员后踢技术动作的表面肌电特征[J]. 北京体育大学学报，2013，36（4）：68-71.

[7] 邓万先，谢富秀.跆拳道直摆式与屈伸式下压踢法的运动学比较[J].体育师友，2005（4）：53-54.

[8] 卢文超.跆拳道比赛技巧的运用和发展特征[J].体育科技，1999（1）：94-97.

[9] 李翰君，曲峰. 撑竿跳高的机械能分析方法研究[J].北京体育大学学报，2006（12）：1658-1660.

[10] 万琴荣. 跆拳道推踢技术在比赛中的运用与训练方法[J].安徽体育科技，2010，31（5）：31–34.

[11] 裴广奇.2008与2012年奥运会跆拳道比赛中护具变化前后推踢技术的应用研究[D].北京：北京体育大学，2014.

[12] 罗勇.2014年青奥会跆拳道比赛推踢技术的运用分析[J].体育世界（学术版），2014（12）：4–5.

[13] 董微霞.跆拳道推踢技术的运用——学生对于推踢技术了解的必要性[J].网友世界，2014（10）：68–69.

[14] ROSA M，ANGULO–KINZLER，STEPHEN B.KINZLER，etl. ANTONI PRAT.Biomechanical Analysis of the Pole Vault Event[J] .Journal of Applied Biomechanics ，1994（10）：147–165.

[15] NICHOLAS P.LINTHORNE.Energy loss in the pole vault take –off and the advantage of the flexible pole[J] .Sports Engineering，2000（3）：205–218.

[16] FALK SCHADE，ADAMANTIOS ARAMPATZIS，GERT–PETER BRUGGEMANN.A new way of looking at the biomechanics of the pole vault[J] .Studies in Athletics，2004（3）：33–42.

[17] STEFANIE GRABNER.Technical and conditioning aspects of the women' s pole vault[J] .Studies in Athletics，2004（3）：43–53.

[18] 扎齐奥尔斯基，阿鲁因，谢鲁扬诺夫.人体运动器官生物力学[M].北京：人民体育出版社，1987.

[19] 卢德明，王云德，严波涛，等.运动生物力学测量方法[M].北京：北京体育大学出版社，2002.

[20] 刘卉.三维摄影解析中人体关节角度的计算方法[J].北京体育大学学报，2004（6）：767–769.

[21] 陆爱云. 运动生物力学[M]. 北京：人民体育出版社，2012.

[22] 胡宗祥，刘学贞. 跆拳道横踢技术中各环节配合的生物力学分析[J]. 北京体育大学学报，2008，31（1）：64－66.

[23] 周长涛. 男子跆拳道高水平运动员下劈技术动作三维运动学特征研究[J]. 山东体育学院学报，2012，28（5）：79－84.

[24] 王磊. 山东省优秀女子跆拳道运动员下劈技术动作生物力学分析[D]. 济南：山东体育学院，2012.

[25] 冀林. 优秀跆拳道运动员后踢技术动作的生物力学分析[D]. 西安：西安体育学院，2012.

[26] 唐守彦. 跆拳道360° 前旋踢动作的生物力学分析[J]. 广州体育学院学报，2014，34（5）：88－93.

[27] 李玉刚.跆拳道横踢动作的转动力学分析[J].武汉体育学院学报，2003，37（3）：55–58.

[28] 刘北湘，杨啸原，王冬梅，等.影像测量数据在无数运动技术分析中的应用[J].成都体育学院学报，2009，35（4）：62–66.

[29] 李玉刚，曾不久，严发本.跆拳道横踢动作下肢肌群工作特点分析[J]. 中国体育科技，2003，39（8）：57–58.

[30] 刘卉.上肢鞭打动作技术原理的生物力学研究[J].体育科学，2004，24（11）：30–36.

[31] 胡宗祥，刘学员.跆拳道横踢技术中各环节配合的生物力学分析[J].北京体育大学学报，2008，31（1）：64–81.

[32] 高丽.女子太极拳旋风脚转体 360° 接提膝独立起跳技术的运动学研究[J].成都体育学院学报，2009，35（10）：46–49.

[33] 樊艺杰，马文海.武术旋子转体 720° 接跌叉技术动作的运动生物力学分析[J] .天津体育学院学报，2004，19（4）：81–83.

[34] 朱东，郭志禹.竞技武术C级跳跃难度的运动学特征研究[J].体育科学，

2006，26（9）：47–50.

[35] 李玉刚.跆拳道横踢动作的转动力学分析[J].武汉体育学院学报，2003，37（3）：55–58.

[36] 李玉刚，严发本，等.我国优秀武术运动员旋风脚 720° 三维图象特征分析[J].武汉体育学院学报，2006，40（2）：39–42.

[37] 樊艺杰.武术套路新竞赛规则中高难度353+4 技术动作运动生物力学分析[J].成都体育学院学报，2007，33（1）：99–102.

[38] 杨新.武术套路中旋风脚转体 720° 接马步动作踏跳阶段的生物力学分析[J].上海体育学院学报，2005，29（5）：66–69.

[39] 杨锋.竞技健美操C组高难动作的运动学分析[D].武汉：华中师范大学，2005.